Peking
lieben lernen

Der perfekte Reiseführer für einen unvergessli-
chen Aufenthalt in Peking inkl. Insider-Tipps,
Tipps zum Geldsparen und Packliste

Linh Schröter

✈ INHALT

Das erwartet Sie in diesem Buch 1

Der kleine Peking-Guide 4

Von Skorpionen und Eiern 16

Wie wohnt es sich in einer Weltstadt?
26

Smog und Hygiene 30

Ohhhm, relax and improvise 35

Fake, fake, fake 40

In China ist doch alles billig 43

Tipps und Tricks zum Shoppen 46

Everybody does Kung Fu Fighting 51

Facetten der Gastfreundlichkeit 55

Ich komm mir vor wie ein Star 57

Reicht Englisch aus? 60

Was, wenn ein Aua auftritt? 64

Auf in Pekings Umgebung   68

Ein Wörterbuch für alle Fälle   74

Das erwartet Sie in diesem Buch

China ist ein Land der Wunder, Abenteuer und des exotischen Essens. Obwohl heutzutage viel über China berichtet wird, so beschreibt doch kaum ein Bericht das wahre China. Zu viele Gerüchte sind entstanden, die endlich richtiggestellt werden sollten. Zum Beispiel ist es wahr, dass in China Hunde gegessen werden, doch kommt es doch selten und dann meist im Süden vor. Die meisten Hunde werden als Haustiere bzw. Bewacher von Haus und Hof gehalten, genauso wie bei uns.

Dieses und andere Gerüchte werden in diesem Buch aufgeklärt, genauso wie die Herausforderungen, die sich Ausländer in Peking stellen müssen. Wer deutsche Effektivität oder Gründlichkeit in China sucht, wird schnell enttäuscht. Nach einigen Jahren haben wir uns das Mantra „ohhhm, relax and improvise" (ohhhm, entspannen und improvisieren) angewöhnt, denn nur in den wenigsten Fällen funktioniert etwas so, wie man es geplant hat. Improvisieren ist an der Tagesordnung. Ob es sich nun um das Fehlen eines Löffels handelt, sodass man stattdessen einen Becher nimmt, oder ob es darum geht 10 Personen in einem 6-Personen-Fahrzeug unterzubringen. Möglich ist grundsätzlich alles! Aber nicht immer so, wie man es sich erdachte.

Man sollte allerdings auch hierbei bedenken, China ist groß und man kann nicht alle Regionen gleichsetzen. Der Norden verhält sich anders als der Süden, in ländlichen Gegenden verhalten sich die Leute Ausländern gegenüber anders als in einer Großstadt. Peking ist eine andere Welt und dieses Buch soll dem Leser den Kulturschock beim ersten Besuch im schönen Peking nehmen. Es ist eine eigene Welt, die erlebt werden will. Man kann viel über China lesen oder hören, aber im Grunde ist es ein Land, das erlebt werden muss, wenn man es verstehen will. Dieses Buch soll einen Vorgeschmack auf das Abenteuer China bzw. Peking geben sowie ein paar Tipps und Hilfestellungen für den ersten Besuch.

Der kleine Peking-Guide

Für alle, die Lust haben einmal in diese faszinierende Stadt zu reisen, gibt es zuerst ein paar Tipps, was man in der Hauptstadt Chinas gesehen haben muss:

Verbotene Stadt / Tiananmen 故宫/天安门

Neben der Großen Mauer wahrscheinlich das bekannteste Wahrzeichen Chinas. In der Stadtmitte (Linie 1, Station Tiananmen East oder Tiananmen West) befindet sich der Himmlische Platz des Friedens (Tiananmen) und grenzt an die verbotene

Stadt. Die Dimensionen sind beeindruckend und ein Muss für jeden Geschichtsliebhaber. Hinter der Verbotenen Stadt befindet sich noch ein kleiner Park mit einem Hügel. Von dort oben hat man einen wunderschönen Blick auf die ganze Verbotene Stadt.

Große Mauer 长城

Auch wenn es nur ein Mythos ist, dass man sie vom Weltall aus sehen kann, so sollte man ihr einen Besuch abgestattet haben. Wenn möglich allerdings nicht am Wochenende, da auf ihr nur begrenzt Touristen Platz haben. Wer es gemütlich will, fährt nach Badaling (Linie 2, Station jishuitan, danach den Bus 919 ab deshengmen; Achtung, es gibt schnelle und langsame Busse, die alle die gleiche Nummer haben, also am besten nachfragen). Man kann sich auch ein Auto mit Fahrer nehmen, das ca. 800 RMB (ungefähr 100 Euro) für den ganzen Tag kostet.

An der großen Mauer angekommen kann man es sich in einer Seilbahngondel gemütlich machen und die Umgebung auf sich wirken lassen. Wer es etwas anstrengender möchte, begibt sich zu Fuß auf die Mauer. Oben angekommen kann man auch noch ein Stückchen weit spazieren, aber da nur ein Teil restauriert ist, sollte man nicht zu weit gehen. Doch wer es noch ein bisschen abenteuerlustiger will, kann natürlich auch auf anderen Teilen der Mauer hiken. Dafür empfiehlt sich am besten eine Tour oder eine genauere Recherche wann und wie oft Busse zu anderen Mauerabschnitten fahren.

Alter Sommerpalast 圆明园

Der alte Sommerpalast (Linie 4, Station Yuanmingyuan) ähnelt mehr einem schön gepflegten Park als einem Palast. Mit einem großen See, viel Grünfläche und ein paar Palastruinen lässt sich hier wundervoll relaxen. Der Touristenansturm ist meist gering, sodass es auch am Wochenende ein schönes Ausflugsziel ist.

In der Nähe vom alten Sommerpalast befinden sich auch die zwei besten Universitäten Chinas, die Peking Universität und die Qinghua Universität. Beide Universitäten haben einen sehr schönen Campus, der meistens für die Öffentlichkeit geöffnet ist. Im Winter kann man dort auf dem See Schlittschuhlaufen und im Sommer lässt das Freibad grüßen.

Neuer Sommerpalast 颐和园

Der Neue Sommerpalast (Linie 4, Station Beigongmen) dagegen bietet eine beeindruckende Darstellung der chinesischen Baukunst. Vom Eingang aus führen viele verschlungene Pfade den kleinen Berg hinauf. Wer ihn einmal erklommen hat, wird mit einer wunderschönen Aussicht auf Pagoden, einen Teil von Peking und den See belohnt.

Wenn noch Zeit bleibt, sollte man den auf der anderen Seite des Berges gelegenen großen See bewundern. Im Sommerpalast kann man fast den ganzen Tag verbringen, also am besten etwas zu Essen mitnehmen. Und für die Erinnerung kann man Bilder in alter traditioneller chinesischer Kleidung vor wunderschönen Kulissen für nur ein paar Euro machen lassen.

Himmelstempel 天坛

Eine weitere Attraktion ist der Himmelstempel (Linie 5, Station tiantandongmen). Tagsüber kann man eine schöne Tempelanlage betrachten und abends vielleicht noch ein paar Musiker und Künstler, die ihren Hobbys nachgehen.

Wer schon immer einmal Tai Chi oder Chi Gong ausprobieren wollte, hier sowie in allen anderen

Parks wird man früh morgens und vor Sonnenunter-gang fündig. Einfach da dazustellen und mitmachen. Jeder ist willkommen.

Lama Temple 雍和宫

Peking hat viele Tempel zu bieten. Von klein bis groß, doch keiner reicht mit seiner Pracht an den Lama Tempel (Linie 2, Station Yonghegong) heran. Auf dem Weg dorthin kann man in tausenden von Geschäften Räucherstäbchen kaufen, die man im Tempel anzünden kann.

Überaus beeindruckend ist es zu sehen, wie Touristen Bilder machen, während Gläubige beten. Ein perfektes Zusammenspiel von Religion und Tou-ristik. Und wenn man ganz viel Glück hat, trifft man singende meditierende Mönche, die immer ein Kis-sen für Besucher haben, die mitmeditieren wollen. In der Nähe gibt es noch sehr gute buddhistische ve-getarische Restaurants und den Konfuzius Tempel in einer kleinen Seitenstraße, der auch einen Besuch wert ist.

Beihai 北海 & Houhai 后海

Wer eine kleine Erholung von der Stadt braucht, ist hier genau richtig (Linie 8, Station Houhai). Schöne

Parkanlagen, Seen, alles, was man zum Entspannen braucht. Und wer weiß, vielleicht trifft man auch einen älteren Chinesen, der mit Wasser Schriftzeichen auf den Boden malt, um sich zu entspannen.

Wangfujin 王府井

Es ist die Haupteinkaufsstraße Pekings (Linie 1, Station Wangfujin). Sie ist direkt im ersten Ring, nicht weit von der Verbotenen Stadt entfernt. Hier kann man in aller Ruhe ein bisschen in den Geschäften rumstöbern. Es gibt besonders schöne Seidenstoff-Geschäfte hier.

Für den kleinen Hunger zwischendurch, gibt es in einer Seitenstraße dann Leckereien, die man sonst kaum in China findet, die aber im deutschen Fernsehen gerne als Chinesisch angepriesen werden. Hier staunen nicht nur die ausländischen Touristen über die gebratenen Skorpione, sondern auch die chinesischen Touristen.

Qianmen 前门大街

Etwas renovierter ist es in Qianmen (Linie 2, Station Qianmen). Dies ist eine schöne Einkaufsstraße in altem chinesischem Baustil. In der Haupteinkaufsstraße befinden sich die sehr teureren Geschäfte, doch wenn man in einer der kleinen Seitenstraßen schaut, findet man wundervolle kleine Läden mit schönen Andenken zu guten Preisen.

Und wenn man nach der Shoppingtour hungrig geworden ist, finden sich hier auch viele kleine Restaurants mit allen möglichen Leckereien. Es gibt hier die beste Pekingente und eine besondere Leckerei (die es oft an der Straße zu kaufen gibt), mit Zucker überzogene (meist saure) Früchte am Stiel.

Sanlitun 三里屯

Wer sich langsam unwohl fühlt unter so vielen Chinesen, der kann sich in Sanlitun (Linie 10, Station tuanjichu) eine Auszeit gönnen und in Sanlitun Village shoppen gehen oder in einem der zahlreichen Clubs oder Bars abfeiern. Es ist das Ausländerviertel in China. Hier merkt man gar nicht mehr, dass man in China ist. Bekannte Marken, europäische Preise und westliches Essen. Und nur ein paar Querstraßen entfernt findet man ein gutes deutsches Restaurant.

Panjiayuan 潘家园

Wer noch ein paar Geschenke aus anderen Provinzen Chinas braucht, aber keine Zeit hat hinzufahren, sollte hierhin kommen (Linie 10, Station

Panjiayuan). Panjiayuan ist wie ein großer Floh-markt. Teilweise im Freien, teilweise überdacht, werden hier alte und neue Sachen angeboten. Dali (Yunnan) ist eine wunderschöne Stadt, doch leider weit weg von Peking, doch im Panjiayuan findet man die schönsten Kleidungen und Taschen aus Yunnan. Hier findet man einfach alles, vom normalen Floh-markt, über Geschirrverkauf bis hin zu Schmuck. Auf jeden Fall einen Umweg wert!

Silk Market 秀水/ Pearl Market 红桥

Für die Shoppingbegeisterten ist der Silk- & Pearl Market ein Muss (Silk Market - Linie 1, Station yong-anli, Pearl Market - Linie 5, Station tiantandong-men)! Neben Perlen und Seide gibt es Elektronik, Ta-schen, Schmuck, Bettwäsche, Schuhe, Kleidung und alle möglichen Fake-Produkte. Alles, was man sich vorstellen kann.

Hier ist allerdings Vorsicht geraten. So schön die Gegenstände auch sind, die Verkäufer sind sehr un-angenehm und man sollte nie mehr als 1/3 des Prei-ses bezahlen, den die Verkäufer zuerst angeben. Wer hier nicht alleine hinfahren will, es gibt meisten ganze Reisebusse, die die beiden Märkte anfahren. Einfach im Hotel nachfragen.

Brillenstadt

In Deutschland können Brillen sehr teuer sein, doch nicht in Peking. Die Brillenstadt (Linie 10, Station Panjiayuan) ist keine wirkliche Stadt, sondern mehrere Shoppingmalls zusammengebaut, die nur Brillen verkaufen. Hat man sich für eine Brille entschieden und den Preis heruntergehandelt (auch hier ist Handeln angesagt, allerdings gibt es teilweise auch Festpreise), wird bei Wunsch die Sehstärke gemessen und innerhalb der nächsten 1-3 Stunden werden die Gläser angefertigt. Man kann also in Ruhe Mittagessen gehen und im Anschluss ist die neue Brille schon fertig.

Wenn man bedenkt, dass das in Deutschland über eine Woche dauert, ist ein Besuch in der Brillenstadt eine gute Idee. Auch die Preise sind kaum zu schlagen. Während bei uns allein die Gläser bis zu 200 Euro kosten, bekommt man dort eine komplette schöne Brille mit Gläsern für nur 50 Euro.

Kleidungsstadt am Zoo

Wer noch etwas zum Anziehen braucht, ist am Zoo genau richtig (Linie 4, Station dongwuyuan). Die wenigsten Menschen besuchen hier den wirklichen Zoo, die meisten kommen nur zum Shoppen her.

Tausende kleiner Geschäfte in mehreren Hochhäusern, da kann man einfach nicht widerstehen. In den Hochhäusern reiht sich ein Geschäft an das andere, und das über mehrere Etagen. Wer hierherkommt, sollte Zeit mitbringen. Und wie immer dran denken zu handeln.

Fernsehturm 电视中心

Peking ist groß. Und einen kompletten Überblick zu bekommen ist fast unmöglich, aber es gibt zwei Möglichkeiten zumindest ein bisschen mehr zu sehen. Zum einen den 405 m hohen Fernsehturm (Linie 1, Station gongzhufen), von dem man an einem klaren Tag eine schöne Aussicht über die Stadtmitte hat.

Duftberge 香山

Zum anderen die Duftberge (Busse 318, 331, 360, 563, 630, 696, 698,714 bis zur Endstation xiangshanzhan). Wer sich bis ganz nach oben bemüht, hat auch von hier eine wundervolle Aussicht über einen Teil von Peking! Bei beiden Ausflugszielen sollte allerdings darauf geachtet werden, an einem sonnig klaren Tag zu gehen.

Einmal im Park des Berges angekommen, kann man sich den mühsamen Aufstieg sparen und die Seilbahn nehmen. Doch ein Aufstieg ist nicht einmal notwendig. Auch um den Park gibt es viel zu sehen. Bienenzüchter, die ihren Honig verkaufen, ein gemütliches kleines Yogahotel und der Botanische Garten sind alle an der Straße zum Park.

Je nachdem wo man wohnt, gibt es auch noch andere Eingänge zum Park. Und wem dort auffällt, dass der Zaun an manchen Stellen bei den Toren kaputt ist, kann einfach reinschlüpfen. Welcher Pekinger will schon jeden Tag Eintritt zahlen, um auf den Berg zu gehen? Also haben sie ihre eigenen Schlupflöcher gefunden, die wir Touristen auch gerne einmal nehmen dürfen.

Restaurants

Nach dem Sightseeing und Einkaufen kann man sich wunderbar im Restaurant bei einem leckeren Essen entspannen. Neben Pekingente gibt es noch ein paar andere Spezialitäten, die im Buch beschrieben werden.

Wer es etwas exzentrischer will, geht ins Toilettenrestaurant (Linie 2, Station Xizhimen), in der Shopping Mall im 5. Stock). Während man auf dem stillen Örtchen sitzt (was Stühle sind), genießt man Speisen, die auch in Toilettenform geliefert werden. Für das besondere Highlight bestellt man sich am Ende noch ein Schokoladeneis, das eine sehr eindeutige Form hat. Nichts für jeden, aber definitiv mal was anderes.

Wer es etwas flauschiger möchte, geht ins Hello Kitty-Restaurant. In Sanlitun begibt man sich in eine andere pinke Welt (Linie 2, Station dongsishitiao, im shimao Einkaufszentrum im obersten Stock). Kellner in Cartoon-mäßigen Kostümen, seichte, flauschige Musik, Hello Kitty und ihre Verwandten, wo man nur hinsieht, ein Hello Kitty verzierter Kaffee. Ein Ort wo man Zeit und Raum vergisst.

Peking hat eine Menge zu bieten. Und das Beste sieht man meist, wenn man einfach durch die Straßen schlendert. Also, anstatt das Taxi oder den Bus zu nehmen, einfach mal nach Hause laufen und auf Entdeckungstour gehen.

Von Skorpionen und Eiern

Es gibt viele Gerüchte rund um das Thema „Essen" in China. Vieles davon ist wahr, wie z. B. es werden gerne Hühnerfüße oder 1000-jährige Eier gegessen oder das Mark aus Knochen gesaugt, doch sind das nur Extrembeispiele.

Das durchschnittliche tägliche Essen ist sehr schmackhaft für den deutschen Gaumen. Zum Beispiel gibt es Hot Pot, bei dem die selbst gewählten rohen Zutaten kurz in eine kochende Brühe geworfen und anschließend mit leckeren Soßen verzehrt werden oder eines der einfachsten und leckersten Gerichte ist Tomate mit Ei. Dazu gibt es Nudeln oder Reis. China bietet eine Bandbreite an leckerem Essen. Die meisten Gebiete in China machen zwar die gleichen Gerichte, doch beim Würzen kommt der Unterschied. Nordchina mag es eher salzig, der Süden süß, und noch weiter südlich mögen die Chinesen es gerne geschmacklos. Und das Schöne an Peking ist, dass hier wirklich alles vertreten ist, man muss nur in die Restaurants der jeweiligen Provinzen gehen. Wer nach China kommt, kann sich auf kulinarische Gaumenfreuden freuen, sollte aber auch immer Kohletabletten und was gegen Lebensmittelvergiftung im Gepäck haben, man weiß ja nie.

Sehr beliebt in Peking ist die „Ghost Street". Das ist eine 1 km lange Straße mit Restaurants. Besonders zu empfehlen für Fleischliebhaber und im Sommer, wenn man draußen sitzen kann. Eine altmodisch hergerichtete Straße, in der sich Restaurant an Restaurant reiht und im Sommer Barbecue und sehr nettes Ambiente bietet.

Wer es etwas exotischer will, kann sich auch in Wangfuqing (王府井) frisch frittierte Skorpione am Spieß oder Maden kaufen. Wer denkt, dass dies das normale Essen in Peking ist, liegt zum Glück falsch. An diesen Ständen findet man meist chinesische Touristen, die staunen, weil sie so etwas vorher auch noch nie gegessen haben.

Jeder der nach Peking kommt, sollte natürlich auch Pekingente probieren, z. B. in Qianmen (前门大街), wo sich eines der ältesten und besten Pekingenten-Restaurants befindet. Allerdings isst man sie in China anders als in Deutschland. Bestellt man Pekingente, so bekommt man gebratene Entenstücke, so etwas wie kleine Fladenbrote, Gemüsestreifen und Soße. Man dippt das Fleisch und Gemüse in die Soße und wickelt es dann in den Fladen. Für die Vegetarier gibt es in manchen buddhistischen Restaurants auch die vegetarische Variante.

Und als Nachtisch vielleicht ein altes Pekinger Rezept, das man heutzutage leider nur noch selten sieht: umsponnene Äpfel oder Kartoffeln. Das sind eigentlich nur mit Zucker glasierte Apfel- oder Kartoffelstücke, doch der Zucker ist noch so heiß, dass man ihn im Schälchen Wasser erst einmal abkühlen muss, bevor man es verzehren kann. Sehr authentisch und sehr lecker! Eines kann ich jedem Touristen nahelegen, und das ist die Aubergine. Ganz egal, ob gegrillt am Straßenrand oder in einer Soße im Restaurant, Chinesen beherrschen es, Aubergine zu kochen.

Namen von Speisen verraten nicht immer was sie enthalten, sondern haben oft sehr malerische Namen, wie „Ameisen auf einem Baum" (dahinter verbirgt sich ein Nudelgericht mit Schweinefleisch). Daher ist es sehr praktisch, besonders für Touristen, dass die meisten Speisekarten Bilder enthalten. Einfach etwas aussuchen und darauf zeigen. In kleineren Nudelküchen gibt es meist keine Bilderspeisekarte, aber die Wände sind oft mit Bildern von Essen ausgekleidet. Auch hier einfach darauf zeigen, auf was man will. Und falls es wirklich mal gar keine Bilder gibt, kann man auch einfach eine Runde drehen und bei den Mitgästen ein Gericht suchen, das einen anspricht. Und dann, einfach darauf zeigen. Vielleicht kämen ein, zwei verwirrte Blicke, aber die meisten dürften es gewohnt sein. Wer dann noch zeigen will, dass er sich mit Chinesisch ein bisschen auskennt, sagt beim drauf zeigen „Lai zhe ge" (ausgesprochen: lai tsche ge), was so viel heißt wie, „Geben Sie mir eins davon".

Obwohl die großen Restaurants gutes Essen

haben, so findet man meist besseres und authentischeres Essen in den kleinen Nudelsuppenküchen, die auch andere Gerichte als Nudelsuppen haben. Allerdings ist es mit der Hygiene in solch kleinen Restaurants meist nicht weit her, was aber nur selten gesundheitliche Folgen hat. Es kann schon einmal passieren, dass eine Kakerlake die Wand neben dem Tisch hochkrabbelt während man isst, was aber die wenigsten Gäste interessiert. Aber ob es besser ist, sich sein Essen selbst zu kochen, ist auch fraglich, denn im Supermarkt wird zeitweise Gift unter die Regale gespritzt, wahrscheinlich um die Kakerlaken fernzuhalten.

Auch wenn das oben beschriebene Essen in Restaurants superlecker ist, so ist doch das Beste, was man in Peking (und fast überall in China) essen kann, Straßenessen. Jeder der einmal hierher kommt, sollte es versuchen! Es gibt die leckersten Gerichte frisch zubereitet. Umgebaute Fahrräder bieten genügend Platz zum Kochen und auch die Preise sind nicht zu schlagen. Pfannkuchen zum Frühstück, eine große gebackene Süßkartoffel für unterwegs oder Barbecue am Spieß zum Abendessen für umgerechnet circa 1 €. Sehr lecker ist auch der Eierspieß. 3

gekochte Eier am Spieß (meist vom Huhn, aber manchmal bekommt man auch Enten- oder Wachteleier), kurz angebraten mit leckerer Soße und Gewürzen. Wie man sich denken kann, ist die Hygiene beim Essen an der Straße eher nebensächlich, doch da die meisten Gerichte frisch gekocht werden, gibt es kaum Probleme. Allerdings können schon mal unschöne Dinge passieren. Unter vielleicht 100 Eierspießen kann es schon mal passieren, dass ein Ei schon etwas zu reif war und innen drin schon Federn zu erkennen waren. Aber im Allgemeinen ist es sehr zu empfehlen diese Gerichte alle auszuprobieren! Nicht nur, dass das Essen frisch und auf den eigenen Geschmack zubereitet wird, sondern man kann beim Kochen auch noch zusehen und Lebensmittelvergiftungen gut vermeiden. Doch leider gibt es immer weniger Straßenessen.

Verschiedene typische Getränke sollte man auch versuchen, wenn man sich schon mal in Peking befindet. Am Morgen ist es Sojamilch, die es an jedem Straßenstand zu kaufen gibt. Der Geschmack ist etwas anders als in Deutschland. Für die meisten etwas gewöhnungsbedürftig, aber nach ein paar Bechern möchte man kaum noch darauf verzichten. Im

Laufe des Tages sollte man den „Joghurt" probieren. Die meisten kleinen Kioske haben kleine Tonbecher, die eine Art Joghurt enthalten. Wenn man Glück hat, bekommt man auch Joghurt, wenn man weniger Glück hat, ist die Milch darin schon so vergoren, dass sie sauer ist und man am besten nicht daran riechen sollte. Allerdings enthält das Getränk so viel Zucker, dass es immer lecker schmeckt, egal wie vergoren die Milch ist. Man sollte nur vermeiden, es aufzumachen und anzuschauen oder daran zu riechen. Gesundheitlich ist es kein Problem, welche Variante man auch immer bekommt. Die Tonbecher dann bitte nicht einfach wegwerfen, sondern dem gleichen oder einem anderen Kiosk leer zurückgeben.

Wer es etwas moderner möchte, trinkt einen von Chinas wundervollen Bubble Teas. „Cocoa mit rock salted cheese" zum Beispiel oder einen Matcha mit roten Bohnen. Nicht jedermanns Sache, besonders wenn man vorher die Werbung gesehen hat, die im Laden läuft, wo Chemiker im Labor verschieden farbige Flüssigkeiten zusammengießen... Aber wenn man es einmal probiert hat, will man nichts anderes mehr.

Zum Nachtisch gibt es dann ein "interessantes" Eis, wie z. B. grüne Mungobohnen-/grüner Tee-Geschmack (nur etwas für Mutige), ein rotes Bohneneis oder Maiseis (das wirklich wie Mais schmeckt).

Zum Abschluss noch eine kleine Anekdote über das sehr leckere, aber nicht ganz legale Straßenessen: Eine Freundin und ich wollten einkaufen gehen. Ich hatte etwas Hunger und wollte mir einen schnellen Snack bei einem Straßenstand holen. Die Straßenstände sind Fahrräder, auf denen gekocht wird und zu gewissen Zeiten an gewissen Orten stehen, um Essen zu verkaufen. Es war schon kurz nach 14 Uhr, doch glücklicherweise fanden wir noch ein paar Stände. Ich bestellte mir einen gebratenen Nudelsnack und eine Chinesin, die neben mir stand, ebenso. Unsere Nudeln waren gerade auf dem Herd, als der Koch auf sein Fahrrad springt und mit unseren Nudeln auf dem Herd losfährt. Und alle anderen Essensstände hinterher. Wir (auch die Chinesen) haben verdutzt geschaut, aber alles wurde klar, als 7 Polizisten auf ihren Fahrrädern ein paar Minuten später vorbeikamen. Die (schwarzarbeitenden) Snackhändler werden zu den normalen Essenszeiten geduldet und dazwischen nicht. Morgens sieht man die

Polizisten ihr Frühstück dort kaufen und eine Stunde später vertreiben die gleichen Polizisten die Verkäufer. Wir gingen also weiter und an der nächsten Kreuzung kamen die Polizisten wieder zurück und sammelten sich im Pulk. Manche Straßenhändler tun nur so, als wenn sie wegfahren, in Wirklichkeit aber fahren sie nur 10 m weit und drehen dann wieder um. Ein Sushi-Straßenverkäufer hat uns das eines Tages deutlich gemacht. Leider ist er nicht weit genug gefahren, sodass die Polizisten gesehen haben, dass er umdreht. An der nächsten Straßenkreuzung haben sie ihn dann erwischt, als er wieder zurückfahren wollte. So nach dem Motto, ich mach meinen Stand gleich wieder auf. Das fanden die Polizisten anscheinend nicht so toll und haben ihn an der Straßenkreuzung angehalten. Er stieg vom Fahrrad und nahm sofort sein großes Sushi-Messer in die Hand, mit dem er den Polizisten drohte. Er und ein Polizist schrien sich ein wenig an (6 andere Polizisten standen gelangweilt drum herum und schauten Löcher in die Luft). Der Sushi-Verkäufer telefonierte und setzte sich wieder aufs Fahrrad. Es wurde grün und er wollte davon radeln. Die Polizisten hielten seinen Wagen fest, sodass er nicht wegkam. Er zückte daraufhin wieder das Messer und machte Drohgebärden, dass sie seinen Wagen loslassen sollten. Dann wurde wieder jemand angerufen, ein paar Sekunden später kam ein Polizeiauto mit weiteren 2 Polizisten (diesmal allerdings in einer Art brauner Offizier-Kleidung) und sie nehmen den Sushi-Verkäufer im Wagen mit und sein Fahrrad wurde auf ein anderes Auto gehievt und weggefahren. Ohhh, der arme Sushi-Verkäufer, dachten wir, aber keine Angst, die Geschichte hat ein Happy End, denn am nächsten Tag zur Mittagszeit hat er schon wieder an der gewohnten Stelle Sushi verkauft.

Wie wohnt es sich in einer Weltstadt?

P eking hat fast 22 Millionen Einwohner und ist die Hauptstadt Chinas. Doch wie lebt es sich wohl in einer solchen Weltmetropole? Wer zum Urlaub hierher kommt, wohnt meist irgendwo in der Nähe des ersten Rings (Peking hat 6 Autobahnringe), dort finden sich die meisten Sehenswürdigkeiten und Hotels. Doch wer wirklich in Peking wohnt, der kann die Preise in der Stadtmitte nicht bezahlen und wohnt weiter weg. Je weiter weg vom Stadtzentrum, desto billiger die Mieten und desto authentischer das Leben.

Abgesehen von seiner Luftqualität ist Peking ein schöner Ort zu wohnen. Je nach Lage kann man die Berge am Stadtrand von Peking sehen oder einfach nur auf schöne Hutongs schauen, wenn man etwas höher wohnt. Die Wohnungen sind allgemein sehr teuer für China, schon fast deutsche Preise. Ein kleines Apartment für 300 € im Monat am 5. Ring ist für uns normal, aber für den durchschnittlichen Chinesen unbezahlbar. Die Chinesen wohnen daher oft in Wohngemeinschaften zusammen oder teilen sich sogar die Zimmer mit mehreren Leuten.

Zur Arbeit wird meist mit der U-Bahn gefahren, denn nur wenige können es sich leisten im Stadtzentrum, wo die meisten Firmen sind, zu wohnen. Die U-Bahn sollte man zu den Stoßzeiten, wenn möglich meiden. Ansonsten steht man schon einmal eine Stunde lang in der Warteschlange vor der U-Bahn-Station.

Peking hat ein ähnliches Klima wie Deutschland. Im Winter Schnee, im Sommer etwas heißer als bei uns. Im ganzen Norden von China gibt es zentrale Heizungen. D. h., die Regierung entscheidet, ab wann und bis wann geheizt wird. Die Heizungen sehen nicht so aus wie bei uns. Viele haben eine Kombination von Heizung und Klimaanlage. Das ist eine schöne Idee, erwärmt die Räume aber nicht so gut wie unsere Heizungen. Für Chinesen ist es daher normal, im Büro oder in der Schule den ganzen Tag eine Winterjacke anzuhaben. Wer im Winter nach Peking reist, sollte daher eine dicke Jacke einpacken, nur für den Fall.

Wer sich keine möblierte Wohnung nimmt, kann sich genauso wie wir seine Möbel im IKEA holen. IKEA ist superbeliebt in China und teilweise schicken Eltern ihre Kinder dorthin, um an den Schreibtischen im Geschäft ihre Hausaufgaben zu machen.

Ein anderer großer Unterschied ist die Post. Verschicken geht nicht ohne Pass, denn Big Brother will wissen, wer was wann wohin schickt. Lustig wird es dann aber, wenn man seine Päckchen abholt. Der Postbote kommt meistens nicht direkt nach Hause, sondern die Päckchen kommen zu einer Art Sammelstelle, wo man sie abholt. Vormittags bekommt man eine SMS in Schriftzeichen von einer unbekannten Nummer. Dort steht Ort, Uhrzeit und Abholnummer der Sendung drin. An diesen

Sammelstellen stehen jede Menge Leute auf der Straße und vor jedem liegen noch mehr Pakete auf dem Boden. Dann sucht man den passenden Postboten seiner Versandfirma, sagt ihm seine Hausnummer und Name oder seine Abholnummer und er sucht einem sein Päckchen von den 50, die auf dem Boden liegen, heraus. Unterschreiben und das war es auch schon. In Ausnahmefällen wird auch einmal etwas nach Hause geliefert, aber das ist bei dem Umfang logistisch nicht bei allen Päckchen möglich. In China kauft man mittlerweile fast alles im Internet. Selbst Lebensmittel werden oft online bestellt. Und da Versand relativ günstig ist, werden täglich Millionen von Päckchen verschickt. Es ist online oft günstiger und das doch etwas nervige Handeln fällt weg.

Smog und Hygiene

Ein paar Mankos sind die Luftverschmutzung und die Hygiene in China. Aber jede Stadt hat ihre Vor- und Nachteile. Und trotz dieser kleinen Mankos überwiegen in Peking definitiv die Vorteile.

Die Pekinger Luft ist bekannt für ihre „Nährstoffhaltigkeit". Die Feinstaubwerte übertreffen jede Stadt in Deutschland. Im Chaoyang-Distrikt von Peking ist die amerikanische Botschaft, die so nett ist und die Feinstaubwerte jede Stunde misst, damit man weiß, wann man besser zu Hause bleiben sollte. In Peking werden selten „gute" oder „moderate"

Werte gemessen, meistens liegen sie zwischen „ungesund für sensible Gruppen" und „sehr ungesund". Im Winter 2013 wurden sogar Werte gemessen, die die gesamte Skala sprengte.

Wenn es schlimm ist, riecht man verraucht wie nach einem stundenlangen Kneipenbesuch früher und kann keine 50 m weit sehen, aber das kommt nur sehr selten vor. Und dank mehrerer Maßnahmen wird die Pekinger Luft von Jahr zu Jahr besser. Trotz dieser extremen Luftverschmutzung muss man sagen, dass man in Peking erstaunlich oft blauen Himmel sehen kann und die Sonnenstundenanzahl sehr hoch ist. Im Grunde ist das Wetter sehr schön. Die Temperaturen sind das ganze Jahr über ähnlich wie in Deutschland, nur etwas öfter blauer Himmel.

Abgesehen von der Luft gibt es noch ein weiteres kleines Manko – die Hygiene. Hygiene ist nicht gerade ein Wort, das jeder kennt. Im Restaurant oder wenn man aus seinem Zimmer schaut, kann man schon mal die ein oder andere Ratte oder Kakerlake finden. Doch bedenklich wird es erst, wenn man sich ernsthaft überlegt, wie es in der dunklen Küche aussieht, wenn die Kakerlake sich schon in ein sehr helles, sehr lebhaftes Restaurant traut.

Beim Essen braucht man aber kaum Angst zu haben, denn es hat schon seinen Sinn, dass man kaum rohe Sachen (wie Salat) im Restaurant isst, sondern meist gekochte Speisen. Und auch auf der Straße wird frisch gekocht, sodass meist alles Bedenkliche abgetötet wird (es schadet aber nicht, etwas gegen Lebensmittelvergiftungen dabei zu haben).

Eine andere Welt sind auch die Toiletten. Aber keine Angst, in den meisten touristischen Gegenden gibt es westliche Toiletten. Im Gegensatz zu den westlichen Toiletten hockt man sich auf die chinesische Toilette und die Klospülung wird oft mit dem Fuß betätigt (teilweise sind Chinesen genauso verwirrt westliche Toiletten zu sehen, was dann oft mit Fußabdrücken auf der Klobrille endet oder damit, dass die Klospülung nicht gefunden wird).

Ein großer Unterschied (der aber die meisten Touristenhotels nicht betrifft), ist, dass man das Toilettenpapier nicht in die Toilette wirft, sondern in den Papierkorb daneben. Auf öffentlichen Toiletten gibt es meist kein Toilettenpapier oder Seife, daher ist es ratsam viele Taschentücher und ein kleines Desinfektionsgel immer dabeizuhaben. Außerdem verschließen viele Chinesen die Toilettentür nicht, sodass man manchmal einfach hineinplatzt. Daher ist es oft ratsam, vorher leicht an die Toilettentür zu klopfen und zu schauen, ob man Antwort erhält. Aber selbst, wenn man hereinplatzen sollte, haben die Chinesen damit kein großes Problem, dass man darin sieht, dass man oft Toilettentüren gar nicht verschließen kann und auch sonst werden die Türen manchmal sperrangelweit aufgelassen.

Für die Abenteuerlustigen kann ich nur empfehlen, auf eine öffentliche Toilette in den Randgebieten oder den ländlichen Gebieten Pekings zu gehen. Da gibt es dann nicht mal mehr Waschbecken oder Abtrennungen der Toiletten, sondern einfach ein paar Kloschüsseln im Boden oder sogar nur eine Rinne. Doch keine Angst, in allen touristischen Gegenden findet man moderne, saubere Toiletten. Peking ist immerhin eine Großstadt und somit entsprechen die meisten Toiletten, besonders in der Innenstadt, dem westlichen Standard.

Auch wenn die Gesundheit in Peking auf die Probe gestellt wird, so muss man doch sagen, dass die alten Leute, die man hier sieht, alle noch unglaublich fit sind. Vielleicht auf Grund von Tai Chi, auf Grund des frischen Essens oder auf Grund der nährstoffhaltigen Luft ...

Ohhhm, relax and improvise

Wie schon im Vorwort erklärt, ist Improvisation das A und O in China. Wer es in Deutschland noch nicht kann, der wird es hier sehr schnell lernen! Nicht alles ist erlaubt, aber alles ist hier möglich, man muss nur einen Weg finden. Eine Fertigkeit, die das Leben, egal wo man ist, einfacher macht!

Zum Beispiel wenn man Bowle machen möchte, aber weder eine normale Schüssel noch Löffel hat. Da kann man einfach den Reiskocher als Schüssel nehmen, Stäbchen zum Umrühren und einen Becher als Löffel, um die Bowle zu schöpfen.

Während wir Ausländer noch Anfänger im Improvisieren sind, haben die Chinesen es perfektioniert! Wir wohnten in einem kleinen Farmhotel, das kein Internet hatte. Da uns Internet sehr wichtig war, wurde das für uns schnell angelegt. Dazu wurden ein paar Kabel in die umstehenden Bäume gehängt und ein Loch in die Außenwand eines Hotelzimmers gebohrt, durch die die Kabel dann mit dem Router im Zimmer verbunden werden konnten. Problem gelöst. Oder, in ländlichen Gebieten sind die Dächer der sehr kleinen Häuser aus Wellblech. Richtig festgemacht werden sie nicht, aber um sie vor dem Wegfliegen zu schützen, werden einfach Ziegelsteine daraufgelegt. Problem gelöst.

Im Deutschen gibt es dieses schöne Sprichwort „von der Wand bis zur Tapete". Und genauso wird hier manchmal gedacht. Nur nichts im Voraus planen (wobei sie damit meist recht haben, denn es klappt sowieso nicht so, wie man es sich vorgestellt oder geplant hat). Zum Beispiel beim Abholen einer Rechnung. Man macht einen Termin aus, wann man die Rechnung abholen möchte, ist zur ausgemachten

Zeit am Treffpunkt und fragt nach der Rechnung. Die wird in diesem Moment dann telefonisch bei jemand anderem bestellt. Anschließend heißt es noch 1 Stunde warten und schon hat man seine Rechnung in der Hand. Wenn das nicht schnell ging ... Natürlich hatte man vorher ausgemacht, dass das Geld später überwiesen wird, aber bei der Abholung weiß man davon natürlich nichts mehr und will den Betrag bar haben ... Tja, da ist mal wieder Improvisationstalent gefragt.

Eine Frau hatte einmal eine hübsche rote Ledertasche für 120 RMB (ca. 15 €) gefunden. Als wir sie uns näher angeschaut haben, haben wir gesehen, dass sie einen großen Streifen in der Mitte hatte, der aussah wie Kleber. Wir haben dann gefragt, ob sie die Tasche noch in neu hat. Nein, das nicht, aber dafür schon eine Idee wie man die Sache beheben kann. Sie schlug uns also vor, einfach mit rotem Lidschatten oder Nagellack drüber zu malen und dafür bekommen wir sie 20 RMB (ca. 2,50 €) günstiger. Problem gelöst.

Die Recycling-Leute sind so kreativ, dass man stehen bleiben und zuschauen muss. Es gibt viele Leute, die Papier und andere recycelbare Dinge sammeln und dann an den entsprechenden Stationen gegen Geld eintauschen. Je nachdem wie viel man an einem Tag findet, kann das die Kapazität eines kleinen Transporters (oft eine Art Motorrad mit einer offenen Ladefläche) schon mal übersteigen. Das ist aber kein Problem, denn nach oben ist ja viel Platz. Teilweise wurde Styropor 3 m hoch auf einem kleinen Auto gestapelt. Noch ein paar Fäden drum herum, damit nur wenig herunterweht. Doch wo soll denn jetzt die Frau sitzen, es gibt ja nur den Fahrersitz??? Auch kein Problem, die wird einfach noch auf das 3 m hoch gestapelte Styropor gesetzt und schon kann es losgehen. Problem gelöst.

Autofahren ist sowieso mehr improvisieren als nach Regeln fahren. Wenn die Straße voll ist, kann man schon mal auf den Bürgersteig ausweichen und falls der auch voll ist, nimmt man einfach den Bürgersteig der Gegenfahrbahn. Also nicht erschrecken, wenn es hinter einem hupt und einfach mal kurz aus dem Weg gehen.

Sehr sehenswert ist das Verhalten der Verkehrsteilnehmer an Bahnübergängen. Hier werden die Verkehrsregeln ein wenig ausgedehnt. Sobald die Schranken unten sind, stellen sich auf einer 1-

spurigen Straße mit Gegenverkehr sofort 2-3 Autos nebeneinander. Dazu kommen noch die Fußgänger und Motorradfahrer, die sich natürlich auch soweit wie möglich nach vorne drängeln. Wäre das Ganze nur auf einer Seite, wäre es seltsam, aber würde keine größeren Probleme verursachen, doch auf der anderen Seite der Schranke sieht es nicht anders aus. Und sobald die Schranke wieder hochgeht, versuchen alle sofort loszufahren. Da beide Seiten doppelt belegt sind, versuchen sich die Autos irgendwie haarscharf aneinander vorbei zu quetschen, was natürlich ewig dauert. Sodass die Kreuzung meist noch weitere 5 Minuten, nachdem der Zug schon lange wieder weg ist, immer noch nicht passierbar ist. Wer hier Auto fährt, sollte eine gute Versicherung abschließen!

Fake, fake, fake

Neben „Improvisation" ist „fake" (gefälscht) das zweitliebste Wort der Chinesen. Hauptsache die Verpackung stimmt, ist das Motto. Auf den ersten Blick sieht daher auch alles super aus. Günstige Hotels haben Eingangshallen wie ein 5-Sterne-Hotel, massive Eichentüren zieren viele Gebäude (wohl eher Spanplatten mit Holzanstrich) oder Fake-Bücher, die nach einem Mal Lesen auseinanderfallen. Und für Shoppingbegeisterte gibt es Imitate von allen Lieblingsmarken zu kaufen.

Fake hat viele Bedeutungen. Im Grunde heißt es, dass etwas nicht so ist, wie es scheint, und das kann man in China in fast allen Lebensbereichen antreffen.

Trivial, aber doch interessant, ist, dass es Chinesen nicht gegeben ist richtig zu putzen. Ich bin mir nicht einmal sicher, ob sie wissen, was das ist. Während bei uns ein Boden maximal einmal pro Tag richtig geputzt wird, wird hier alle 5 min. der Dreck von links nach rechts geschoben und wieder zurück. Ich habe bis jetzt noch nicht einen Boden gesehen, der nach dem Putzen sauberer war als vorher. Allerdings sieht auch hier von außen alles super aus, denn der Boden hat keine Fußspuren und der Dreck befindet sich nun in den Ecken, wo man nur selten hinsieht.

Doch Täuschung hat nicht nur schlechte Seiten. Die gute Seite von fake finden wir im Einkaufszentrum von Sanlitun und dem Pearl und Silk Market. Hier gibt es Taschen, Kleidung, Geldbeutel, Schuhe und ein wenig Elektronik aller bekannten Marken.

Es gibt gute und schlechte Imitate, genau hinschauen lohnt sich also. Ganz besonders bei Markenprodukt-Imitaten ist Verhandlungsgeschick gefragt. Ein hübsches Prada-Imitat kann man hier für 20 Euro ergattern, wenn man gut handelt.

Es gibt nichts, was man in China nicht gefakt bekommt, daher bei allem am besten doppelt hinsehen.

In China ist doch alles billig

Viele elektronische Produkte in Deutschland stammen aus China, sodass man denken sollte, dass Elektronik hier besonders günstig ist. In Wirklichkeit sind die Preise aber ähnlich, sodass es sich nicht lohnt, deswegen nach China zu kommen. Ist man allerdings eh schon in China und sucht etwas Außergewöhnliches, dann ist man in Peking an der richtigen Stelle.

Wer gut handeln kann, kann bei No-Name-Produkten einen wirklich günstigen Preis erzielen. Wer jedoch Markenprodukte sucht, zahlt teilweise sogar mehr als in Deutschland. Und es sollte auch immer geprüft werden, ob es eine deutsche oder englische Gebrauchsanweisung gibt. Die Stecker in China sind teilweise dieselben. Oft findet man runde Stecker, die auch in jede Steckdose passen (es ist also nicht notwendig einen Adapter mitzunehmen). Es gibt aber auch Stecker mit 2 oder 3 flachen Kontakten. Darauf sollte beim Kauf geachtet werden. Für solche Stecker braucht man in Deutschland immer einen Adapter, was etwas unpraktisch sein kann.

Wenn man in Peking Elektronik kaufen möchte, geht man dazu am besten nach Zhongguancun (中关村). Ein Bezirk, in dem sich Hochhäuser voller Elektronikläden aneinanderreihen. Neben falschen iPhones (z. B. HiPhone), gibt es z. B. für die Autoliebhaber auch Autohandys. Das Porschehandy von PCORSHE, Stotgart (leider kein Smartphone) ist ungefähr so groß wie ein Autoschlüssel und sehr hübsch anzusehen. Im Zeitalter der Smartphones würde natürlich keiner solche Handys noch kaufen, aber als Gag ist es ein tolles Mitbringsel.

Die Preise sind wie fast bei allem verhandelbar, aber ein durchschnittlicher Preis für so ein ausgefallenes Handy liegt meist bei 300 RMB (ca. 35 €). Angefangen wird allerdings oft bei 1500 RMB, sodass es sich lohnt zu handeln. Die Qualität kann dabei variieren. Von 4 gekauften ausgefallenen Handys haben 2 bis zu 4 Jahre einwandfrei funktioniert. Aber es ist definitiv einen Versuch wert, denn so etwas findet man in Deutschland keinesfalls.

Das zeigt, dass Elektronik hier günstig sein kann, wenn man sehr gut im Verhandeln ist. Aber wie bei allem, muss man auch hier auf Fake achten. Wenn man sicher sein will, dass man Originale bekommt, sollte man Elektronik am besten in offiziellen Geschäften der jeweiligen Marke kaufen.

Tipps und Tricks zum Shoppen

Peking ist ein großartiger Ort zum Shoppen! Über die Qualität lässt sich zwar streiten, aber der Preis ist dafür unschlagbar. Selbst wenn man übers Ohr gehauen wird, empfindet man alles als günstig (solange bis man die echten Preise kennt). Wer im Silk- oder Pearl Market einkaufen geht, kann sich als Grundregel merken, 1/3 des Preises ist annehmbar und verhandelbar und meist zahlt man sogar dann noch zu viel. Wie schon erwähnt, ist China das Land des Fakes und natürlich sind auch die meisten Markensachen nicht echt, daran sollte man denken beim Preis.

Für Touristen ist der bekannteste und beliebteste Ort der „Silk Market" und „Pearl Market". Hier kann man seine Verhandlungskünste spielen lassen und alles kaufen, was das Herz begehrt. Auf mehreren Etagen werden alle Souvenirs angeboten, die man sich wünschen kann. Vom Teekannenmännchen über Taschen bis hin zu Seide. Im obersten Stockwerk kann man nicht nur Stoffe, sondern auch gleich maßgefertigte Kleidung kaufen. Die Preise sind wesentlich günstiger als in Deutschland, es braucht allerdings ein paar Tage Zeit. Wer maßgeschneiderte Kleidung kaufen will, sollte in den ersten Tagen sofort hingehen und den Auftrag in Bestellung geben. Zwei bis drei Tage später kann man seine Sachen meist abholen, doch oft müssen noch Veränderungen vorgenommen werden, sodass man nach hinten raus am besten noch etwas Zeit einplanen sollte.

Während man durch die Stände schlendert, fragen einen alle Verkäufer, ob man etwas kaufen will, auf teilweise sehr nervige Art und Weise. Viele ziehen einen auch einfach am Arm zu ihrem Stand.

Fragt man die armen, armen Verkäufer dann nach dem Preis, so beginnen sie den Satz mit „Mein bester Freund, für dich nur...". Oh, du bist Deutscher, na dann gebe ich es dir günstiger", „Super Qualität, so was findest du nie wieder für den Preis". Was erstens nicht stimmt, da man die Person noch nie zuvor gesehen hat, und zweitens ist der Preis unglaublich hoch. Also heißt es handeln ...

Wer gut im Handeln ist (alle Verkäufer hier sprechen gutes Englisch), bekommt seine Sachen günstig. Der Preis sollte mindestens um 2/3 heruntergehandelt werden. Das hört sich viel an, geht aber manchmal schneller als man denkt.

Allerdings sind die Taktiken der Verkäufer manchmal auch grandios! Entweder man wird lautstark beschimpft, dass man sie ausnehmen will, weil man so wenig zahlen will, oder sie müssen Geld für ihre 3 Kinder zu Hause verdienen (obwohl in China bis vor Kurzem noch die 1-Kind-Politik herrschte) und und und. Die beste Taktik, wenn der Preis zu hoch ist, einfach weggehen. Meist rufen sie einem dann nach, dass man die Sachen doch etwas billiger bekommen kann. Die Verkäufer mit sich selbst handeln zu lassen ist immer das Beste.

Es kommt auch vor, dass sie die gewünschte Ware nicht am Stand vorrätig ist. Das heißt nur, sie müssen die Ware erst noch herkommen lassen. Das dauert nur ein paar Minuten. Die neueste Taktik ist, wenn die Ware dann in einer schwarzen Plastiktüte gebracht wird, wird sie schnell hinter dem Tresen versteckt. Da es die neuste Neuheit ist, ist es natürlich gefährlich, es in der Öffentlichkeit zu zeigen. Also wird die Tüte kurz aufgemacht, um hineinzuschauen. Man darf die Ware nicht in die Hand nehmen oder herausnehmen …

Zum Glück hat die meiste Ware eine gute Qualität, sodass man ihnen zumindest in dieser Hinsicht glauben kann. Da alle Verkäufer dort wirklich gute Schauspieler sind, könnte man es ihnen wirklich glauben, wenn man nicht wüsste, dass dort alles Fake ist, auch die Schauspielerei.

Im Supermarkt Lebensmittel einzukaufen ist da schon viel stressfreier. Kein Handeln, teilweise riesige Supermärkte und zur Entspannung gibt es immer einen Massagestuhl (sofern einer frei ist). Außerdem bieten viele große Supermärkte in Peking einen Heimfahrservice an. Kleine Busse, die gewisse Strecken fahren. Man kann jederzeit ein- und aussteigen, um zum Supermarkt oder heim gefahren zu werden. Man muss nur den Bus finden, der am Hotel vorbeifährt und sich dann irgendwie bemerkbar machen, wenn man aussteigen will.

Wer es mit Chinesisch versuchen will, ruft durch den ganzen Bus you xia (有下). Ansonsten einfach an die Tür stellen und sich mit Händen und Füßen verständlich machen.

Everybody does Kung Fu Fighting

Wenn man schon das Glück hat in China zu sein, sollte man natürlich auch die Chance wahrnehmen im Ursprungsland des Kung Fu und Tai Chis, dieses zu trainieren.

Wenn man an Kung Fu in China denkt, denkt man an Mönche mit kurzem Haarschnitt in orangenen Anzügen, die auf einem Berg trainieren. Die Wirklichkeit sieht da schon anders aus. Die großen Kung-Fu-Schulen wie das Shaolin Kloster oder Tagou kommen noch relativ nah an dieses Bild heran.

Doch die meisten Kung-Fu-Schulen, sofern man es als Hobby betrachtet, haben mit dem oben genannten wenig zu tun. Eine Kleiderordnung gibt es selten. Oft wird in Jeans oder Pulli und, je nach Jahreszeit auch mit Jacke, trainiert. Schal und Handschuhe gehören im Winter dazu, da die meisten Trainings draußen stattfinden; auch bei Minusgraden. Wenn es wärmer wird, kann man schon mal in Minirock und Stiefeln oder im Kleidchen trainieren, während die Männer Flip-Flops tragen.

Auch wird selten auf einem malerischen Berg trainiert, wie uns das Fernsehen gerne suggeriert, sondern eher, wo immer man ein Plätzchen findet. Das kann schon mal im Eingang einer Sporthalle sein, auf dem Dach oder unter einer kleinen Brücke.

Und während die Trainer in Filmen oft eine mystische Ausstrahlung haben, einen langen Bart und ein langes Gewand tragen, so kann es hier schon vorkommen, dass der Trainer in einer Hand die Nunchakus schwingt und mit der anderen Hand eine Zigarette raucht. Das bedeutet aber nicht, dass das

Training nicht gut wäre, nur dass es oft nicht ganz so ist, wie es das Fernsehen uns vermittelt.

Kung Fu und Tai Chi werden fast in jedem Park praktiziert. Es kann sein, dass man beim Spazieren gehen jemanden sieht, der mit seinen Wurfsternen übt oder Tai Chi. Bei Interesse einfach daneben stellen und mitmachen. Einem Ausländer zeigt man immer gern, was man gelernt hat.

Wer es ausprobieren möchte, findet in vielen Restaurants und Bars Flyer. Manche Trainer sind sogar auf Ausländer spezialisiert und sprechen Englisch. Oder man spricht einfach eine Kung Fu-Gruppe an, die man zufällig irgendwo trainieren sieht.

Und wer sich mit Kung Fu- und anderen Sportartikeln eindecken will, der sollte zur Sport Universität fahren (tiyu daxue; Bus 741, 365). In einer Seitenstraße neben der Uni reiht sich ein Sportgeschäft ans Nächste. Dort kann man sehr günstig wunderschöne Nunchakus, Wurfsterne, Tai-Chi-Anzüge, Kung Fu-Schuhe, Stöcke und was das Herz sonst noch begehrt, kaufen.

Für die echten Kung Fu-Fans gibt es in Peking auch noch ein Kung Fu Musical, das wirklich sehenswert ist.

Facetten der Gastfreundlichkeit

Bezüglich der Gastfreundlichkeit kann man unterschiedliche Erfahrungen machen. Auf der einen Seite wird man, wenn man nach dem Weg fragt, oft in die (teilweise sehr offensichtliche) falsche Richtung geschickt. Das macht natürlich einen weniger netten Eindruck.

Genauso, wie die Mittagspause gerne manchmal auf 4 Stunden ausgedehnt wird, um sich davor zu drücken anderen zu helfen. Und in touristischen Gebieten wird man als Ausländer sofort als reich abgestempelt. Dementsprechend verhalten sich besonders Taxifahrer und Verkäufer in Touristengegenden. Da kann es schon einmal vorkommen, dass man den 4-fachen Preis zahlen muss, um dorthin zu gelangen, wo man hin möchte.

Doch dass man oft in eine falsche Richtung geschickt wird, liegt auch daran, dass in China das Gesicht bewahren, immer noch unglaublich wichtig ist. Daher wollen viele nicht ihr Gesicht verlieren, nicht einmal bei so trivialen Sachen, wie in welcher Richtung etwas liegt.

Doch auf der anderen Seite können die Chinesen auch sehr nett und hilfsbereit sein. Wenn man sich alleine in einen Park setzt, dauert es nicht lange, bis sich jemand zu einem setzt und man eine nette Unterhaltung hat (sofern man sich verständigen kann). Wenn man Hilfe braucht, wird immer jemand vorbeikommen und helfen und ein freundliches Wort haben die Pekinger sowieso für jeden.

Ich komm mir vor wie ein Star

Starren ist so ein Thema für sich in China. Obwohl mittlerweile schon Tausende von Ausländern in China wohnen, gibt es immer noch ländliche Gebiete, deren Einwohner noch nie einen Ausländer gesehen haben. Doch auch in den Großstädten scheinen Ausländer immer noch interessant zu sein. Weniger in den ersten beiden Ringen, wo sich die meisten Touristen befinden, aber wenn man sich etwas weiter von der Stadtmitte entfernt, dann wird man doch noch relativ oft angestarrt.

Besonders blonde Ausländer sind sehr beliebt für Familienfotos. Manchmal fragt man sich, ob chinesische Familien von einer Reise nach Hause kommen und ihren Verwandten ihre Fotos von sich mit Ausländern zeigen und die Verwandten sagen, sie haben ein Foto mit genau dem gleichen Ausländer ...

Manche fragen offen, ob sie ein Foto mit einem machen können. Warum? Das habe ich bis heute nicht verstanden, besonders da es so viele Ausländer in Peking gibt. Doch die meisten Chinesen machen heimlich Fotos, wobei heimlich nicht im normalen Sinne zu verstehen ist. Meist ist es so auffällig, dass man es bemerkt und auch wenn man nicht sehr erfreut darüber ist, wird einfach fröhlich weiter fotografiert. Beliebt ist auch im Supermarkt in den Einkaufswagen zu starren, was die Ausländer so essen und auch im sonstigen Leben wird gerne gestarrt. An einer Bushaltestelle zum Beispiel aus 15 cm Entfernung. Wenn es einem nach 5 Minuten unangenehm wird und man die starrende Person anschaut, würde das jeden Deutschen dazu bringen aufzuhören, aber nicht den Chinesen, der starrt einen einfach weiter entgeistert an.

Im alltäglichen Leben kann das schon unangenehm sein, wenn man versucht, unentdeckt zu bleiben, wie z. B. wenn man bei McDonalds nur auf die Toilette gehen möchte, ohne etwas zu kaufen. Teilweise schaut einen das ganze Restaurant an, wenn man es betritt.

Gefährlich wird es, wenn jemand auf dem Fahrrad oder Motorroller vorbeifährt. Sein Gefährt fährt zwar gerade aus, aber sein Kopf bleibt auf den Ausländer gerichtet. Am Anfang ist es ein sehr seltsames Gefühl, nach einer gewissen Zeit genießt man es und dann wird es irgendwann lästig. Aber so oder so, hier hat man immer das Gefühl, etwas Besonderes zu sein.

Reicht Englisch aus?

Die meisten von uns denken, dass sie sich in fast jedem Land mit Englisch gut durchschlagen können. Diesen Leuten rate ich dann, nicht nach China zu fahren. Auch wenn in der Schule Englisch zum Pflichtunterricht gehört, heißt das nicht, dass viele Englisch sprechen können.

Das geschriebene Englisch ist dem unsrigen meist weit überlegen, aber sie sind oft zu schüchtern, um es zu sprechen. Der Unterricht in der Schule beschränkt sich meist auf Vorlesen und es wird nur wenig gesprochen. Falls man zufällig eine Gruppe chinesischer Studenten auf einem Campus sieht, die alle gleichzeitig verschiedene Dinge laut aus einem Buch vorlesen, dann ist das „Englisch lernen". Sehr beliebt sind auch English-Clubs in der Uni, d. h. manchmal, dass einer mit einem Megafon einen englischen Satz vorliest und alle anderen ihn dann nachsagen oder ablesen. Über die Aussprache sage ich lieber nichts.

In den Großstädten wie Peking und Shanghai gibt es immer mehr Ausländer. Und dass Englisch somit immer wichtiger wird, ist den Eltern aufgefallen. Viele schicken ihre Kinder daher am Wochenende zum Englischunterricht, sodass die Probleme, sich mit Englisch in Peking durchzuschlagen immer kleiner werden. Busstationen und Straßenschilder sind in Peking fast immer auch in Pinyin (chinesische Zeichen mit unseren Buchstaben geschrieben) angegeben. Man kann sich also gut zurechtfinden, wenn man mit dem

Auto oder Bus unterwegs ist. Und wenn man sich doch einmal verläuft, ist das schöne in Peking, dass man, egal wo man ist, nie mehr als 10 Euro für ein Taxi ausgibt (also immer die Hotelvisitenkarte dabei haben).

In den sehr touristischen Gebieten, wie um die Verbotene Stadt herum, wird man oft auf Englisch angesprochen und kann dort auch gut englischsprechende Leute erwarten. In der Innenstadt von Peking sollte man aber auch aufpassen. Leute, die einen aus heiterem Himmel auf Englisch ansprechen, wollen keinen Small Talk machen, sondern versuchen einen damit in deren Geschäfte oder Bildergalerien zu locken, um etwas zu verkaufen.

Wenn man aus den touristischen Gebieten herauskommt, sollte man eine Übersetzungsapp dabei haben. Google Translate und Baidu Translate sind beide hervorragend. Auch wenn man etwas chinesisch sprechen kann, sind viele Chinesen so davon abgeschreckt, dass ein Ausländer sie anspricht, dass man gar nicht zum Fragen kommt. Selbst mit den Übersetzungsapps kann es manchmal ermüdend werden. Beim nach dem Weg Fragen mit dem Handy, laufen manche Leute einfach vorbei und sagen „deine Sprache können wir nicht verstehen" (auf Chinesisch). Würden sie sich die Mühe machen hinzuschauen, hätten sie helfen können. Doch die meisten Pekinger sind nett und wenn man mehr als eine Person fragt, kommt man auch zum Ziel.

Wer also schön langsam und deutlich spricht und für Notfälle eine Übersetzungsapp auf dem Handy dabei hat, kommt in Peking und Umgebung überall gut zurecht.

Was, wenn ein Aua auftritt?

Sich in China zu verletzten ist zwar keine schöne Angelegenheit, kann aber sehr interessant werden. Neben verwirrenden Krankenhausregeln bekommt man die ganze Nettigkeit der Chinesen zu spüren. Also keine Angst vorm Arzt in China. Kompetent, freundlich und günstig.

Arztpraxen gibt es im Grunde nicht. Wenn man verletzt ist, geht man immer ins Krankenhaus. Dabei kann man sich entscheiden, ob man in ein

Krankenhaus das westliche Medizin praktiziert geht oder in ein Krankenhaus das westliche und TCM kombiniert. Bei TCM bekommt man meist keine oder nur wenige Pillen verschrieben. Je nach Problem gibt es Massagen, Schröpfen, Akupunktur oder Tees.

Wer in Deutschland TCM schon einmal ausprobiert hat, wird erstaunt sein über die Unterschiede. Natürlich gibt es Unterschiede, aber der Level von TCM im Krankenhaus ist ein ganz anderes als in Deutschland. Allerdings sind die Preise auch wesentlich höher, besonders für die Tees.

Wer kein Problem hat und nur aus Neugier TCM probieren möchte, sollte das machen. Allerdings ist Vorsicht geboten. Viele Ärzte haben ihre eigenen privaten Praxen neben ihrer Arbeit im Krankenhaus, aber leider gibt es auch weniger kompetente Menschen die Praxen aufmachen. Daher einfach auf seinen gesunden Menschenverstand verlassen. Wenn es sich nicht gut anfühlt, ist es auch nicht gut.

Egal für welches Krankenhaus man sich entscheidet, muss man zuerst an der Rezeption anstehen und 1 Euro zahlen, um den Doktor sehen zu dürfen. Die meisten großen Krankenhäuser haben einige Englisch sprechende Ärzte, und wenn nicht, dann hilft Google Translate weiter.

Dann wird gewartet bis man dran ist. Wenn man in den Wartebereich geht, muss man den Beleg der Krankenschwester geben, ansonsten weiß keiner, dass man da ist, und man wartet umsonst ewig. Müssen nach dem Arztbesuch weitere Untersuchungen gemacht werden (wie z. B. Röntgen, Blut abnehmen, ...), schreibt der Arzt alles auf.

Als Nächstes muss man sich wieder an der Kasse anstellen, um die Untersuchungen zu bezahlen. Dann geht man in die verschiedenen Abteilungen, die die verschiedenen Untersuchungen durchführen.

Nach dem Röntgen etc. wird kurz gewartet und man bekommt das Ergebnis meist sofort mit. Mit allen Ergebnissen geht man wieder zurück zum Arzt, wobei man dann oft reingeschoben wird und nicht sehr lange warten muss. Dann werden eventuell Medikamente aufgeschrieben und das wars schon.

Die meisten Ärzte und Krankenschwestern sind sehr nett zu Ausländern und die Untersuchungen sind (für unsere Verhältnisse) auch günstig, aber man muss eine Menge Zeit mitbringen und gut zu

Fuß sein. Falls es einem so schlecht geht, dass man nicht weit laufen kann, sollte man auf jeden Fall jemanden mitnehmen, der die Rechnungen bezahlt und sich überall anstellt. Mittlerweile kann man das alles übers Handy machen, aber in den meisten Krankenhäusern ist das für Ausländer noch nicht freigeschaltet.

Die meisten Einnahmen machen die Krankenhäuser durch die Medikamente. Den Arzt zu sehen kostet selten mehr als 2 Euro und z. B. Röntgen auch nur um die 20 Euro, aber selbst bei einer kleinen Erkältung kann man schon mal mit 100 Tabletten nach Hause gehen. Daher empfiehlt es sich, sofern man keine Auslandsreisekrankenversicherung abgeschlossen hat, die Tablettenanzahl nur nach eigenem Ermessen zu kaufen.

Auf in Pekings Umgebung

China hat reisetechnisch alles zu bieten! Im Norden die Mongolei mit ihren Grassteppen, im Osten die Küstenlandschaft, im Süden die tropische Insel Hainan und im Westen unendlich schöne Berge Richtung Tibet und in der Mitte die Kulisse von Avatar in der Hunan Provinz. Doch so schön reisen auch sein kann, kann es auch die ein oder andere Schwierigkeit bergen.

Für Leute, die längere Zeit in Peking verbringen, ist der World-Park zu empfehlen. Hier gibt es alle

Sehenswürdigkeiten der Welt in Miniaturausführung. Er ist mehr für Chinesen, die nicht ins Ausland reisen, als für ausländische Touristen, aber dennoch schön anzusehen. In dem Park gibt es Sehenswürdigkeiten in Mini-Format wie die Freiheitsstatue, ein Afrikadorf oder Schloss Neuschwanstein. Sehr interessant sind die Texte zu den einzelnen Figuren. Da wird behauptet, dass das Washington Monument gebaut wurde, um George Washington zu ehren, und dass das Schloss Neuschwanstein im Südosten von Bonn zu finden ist. Dass Bonn die Hauptstadt von Deutschland ist, ist ja selbstverständlich ...

Um Peking herum finden sich schöne Tagesausflugziele. Ein sehr schönes Ausflugsziel in der Nähe von Peking ist "Longqingxia"(龙庆峡). Es ist ungefähr eine Stunde Busfahrt von Peking entfernt. Hohe Berge und ein kleiner Fluss, der sich hindurchschlängelt. China, wie man es sich vorstellt. Unter Ausländern ist es kein besonders bekannter Ort, was wahrscheinlich auch die komplizierte Anfahrt erklärt. Da sich viele U-Bahnhaltestellen im Namen sehr ähneln (nur in Schriftzeichen sind sie klar unterscheidbar), ist es leicht, sich zu verlaufen.

Es gibt einen Bus nach Longqingxia, am besten im Hotel nachfragen, wo der abfährt. Je nach Uhrzeit ist der Weg aus, oder in die Stadtmitte, der langsamste. Auch wenn die Fahrt eigentlich nur eine Stunde dauert, kann man allein im ersten Bus schon mal 2-3 Stunden verbringen.

Der Anfang von Longqingxia sieht, je nach Jahreszeit aus wie eine Geisterstadt. Keine Menschen, eine Menge Müll auf der Straße, fast alle Häuser leer. Nach ungefähr einem weiteren Kilometer kommen Restaurants und der Eingang. Die Berge sind atemberaubend schön! Zuerst fährt man mit einer ewig langen Rolltreppe in einem Drachen ein Stück des Berges hinauf bis zu einem Staudamm und von da kann man sich entscheiden, wie man weiter gehen möchte. Zu Fuß, die Tausenden von Treppen den Berg hoch, per Seilbahn oder man fährt mit einem Boot auf dem Fluss zwischen den Bergen hindurch. Für Hartgesottene ist der Aufstieg zu empfehlen, ansonsten ist es mit der Seilbahn ein wenig teurer, aber auch viel bequemer.

Wenn man nicht nur die stadtnahe Umgebung anschauen will, kann man entweder mit dem

Flugzeug verreisen oder man lässt sich auf ein Zugabenteuer ein. Bei Mut kann ich eine Zugfahrt empfehlen! Die chinesischen Züge fahren über sehr lange Strecken, teilweise 3 Tage lang, sind dafür aber bestens ausgerüstet. Tickets kann man 20 Tage im Voraus buchen, was auch sehr zu empfehlen ist, da der Zug ein beliebtes Reisemittel und schnell ausverkauft ist. In China gibt es 5 Kategorien: weiches Bett (4er-Abteil), hartes Bett (6er-Abteil), weicher Sitz, harter Sitz und Stehplatz. Für lange Reisen ist ein Bett zu empfehlen, da die meisten Züge auch über Nacht fahren. Die weichen Betten sind zwar komfortabler, aber auch die harten Betten sind sehr angenehm. Das einzige Problem dabei ist, wie man auf das Bett rauf kommt. Wenn möglich sollte man immer die unteren Bettentickets kaufen, doch sind diese zuerst ausverkauft. Da in dem relativ niedrigen Zug 3 Betten übereinander angebracht sind, ist der Platz zwischen den Betten nicht gerade groß und es bedarf großer Geschicklichkeit hineinzukriechen. Einmal im Bett ist es jedoch sehr angenehm und das Bettzeug sehr kuschelig.

Nachdem man eine ruhige Nacht verbracht hat (wahrscheinlich die einzige Zeit, in der der Chinese ruhig ist), wird man am Morgen durch lautes Gerede und Herumgerenne und dem typischen Duft von Fertignudelsuppen geweckt. Dann hat man die Wahl, sich die Zähne zu putzen an den Waschbecken, die es in jedem Waggon gibt, oder seine Tütennudelsuppe zu frühstücken und dabei auf dem unteren Bett der Mitfahrenden zu sitzen, sofern diese schon wach sind.

Das Abteil mit den weichen Betten ist in dieser Hinsicht schon angenehmer. Jedes Abteil, das aus nur 4 Betten besteht, hat eine Tür, sodass man eine ruhige Nacht verbringen kann, während die Abteile der harten Betten offen sind.

Egal womit man sich entscheidet zu reisen, es gibt tausend schöne Gegenenden, die man sehen muss. Zum Beispiel befinden sich in China die 5 heiligen Berge des Daoismus, die alle wert sind besucht zu werden. Neben ihrer Schönheit sind sie mittlerweile auch touristisch erschlossen, sodass Besuche angenehm und einfach sind: Tai Shan in Shandong (泰山), Heng Shan in Hunan (衡山), Song Shan in Henan (嵩山; dort befindet sich das Shaolin Kloster), Hua Shan in Shaanxi (华山; in der Nähe von Xian) und Heng Shan in Shanxi (恒山; bei Datong).

Ein Wörterbuch
für alle Fälle

Und hier noch die wichtigsten Sätze, die man zum Überleben im Restaurant und beim Shoppen braucht:

Basiswissen

Hallo	nǐ hǎo	你好
Danke	xièxiè	谢谢
Tschüss	zàijiàn	再见
Ich verstehe Sie nicht.	Ting bù dòng.	听不懂

Im Restaurant / Beim Shoppen

Wie viel kostet das?	Duōshǎo qián?	多少钱?
Die Speisekarte bitte.	Lǎi càidan.	来菜单。
Nicht scharf würzen.	Bùyào là.	不要辣。
Ich will nicht.	bù yào	不要
Die Rechnung bitte.	Mǎidān.	买单。
Wo ist die Toilette?	Cèsuǒ zài nǎ'er?	厕所在哪儿?
Wasser	shuǐ	水
Cola	kělè	可乐
Bier	píjiǔ	啤酒
Gemüse	Cài	菜
Fleisch	ròu	肉
Fisch	yú	鱼
Reis	mǐfàn	米饭
Nudeln	miàn	面

Zahlen

1	yī	一
2	èr	二
3	sān	三
4	sì	四
5	wǔ	五
6	liù	六
7	qī	七
8	bā	八
9	jiǔ	九
10	shí	十
100	yībǎi	一百

Herstellung und Verlag:

BoD – Books on Demand, Norderstedt

ISBN: 9783752817331